Ostern

Kulinarisch feiern

Ostern – das heißt Frühling, Blumen, Eiersuche und Essen mit der Familie und Freunden. In diesem Buch finden Sie einfache und doch raffinierte Rezepte für den Ostertisch: Backwerk, pikante Snacks, Hauptgerichte und Desserts – stellen Sie sich Ihr Ostermenü daraus einfach selber zusammen. Und die selbst gemachte Eier-Deko lockt nicht nur Osterhasen an …

OSTERKRANZ

➤ **dekorativ**

Zutaten für 1 Kranz (ca. 12 Stücke):

Für den Hefeteig:
500 g Mehl
1 Würfel Hefe (42 g)
60 g Zucker
200 ml lauwarme Milch
_1 Ei_
100 g zimmerwarme Butter

Zum Bestreichen:
1 Eigelb
2 EL Milch

Außerdem:
Fett für das Backblech
Mehl für die Arbeitsfläche

ZUBEREITUNGSZEIT: 1 STD.
BACKZEIT: 30 MIN.
PRO STÜCK ETWA: 1090 KJ/260 KCAL

Das Mehl in eine Schüssel sieben und in die Mitte eine Mulde drücken. Die Hefe hineinbröckeln, mit 1 TL Zucker, 6 EL Milch und Mehl vom Rand zu einem Vorteig verrühren. Zugedeckt an einem warmen Ort 15 Min. gehen lassen.

Restlichen Zucker, Ei, Butter und übrige Milch hinzufügen und kneten, bis sich der Teig vom Schüsselrand löst und glatt und elastisch ist. Zugedeckt nochmals 20 Min. gehen lassen.

Den Teig auf bemehlter Arbeitsfläche gut durchkneten, zu einer Rolle formen, in 6 oder 7 gleiche Scheiben schneiden und jeweils zu einer 20 cm langen Rolle formen.

Den Backofen auf 175° vorheizen. Ein Backblech einfetten. Einen kleinen Metallring mit Öl bestreichen und in die Blechmitte setzen. Die Teigstränge schneckenförmig einrollen und um den Ring setzen.

Eigelb mit Milch glatt rühren und den Kranz damit bestreichen. Den Osterkranz im Backofen (Mitte, Umluft 160°) 30 Min. backen. Herausnehmen und abkühlen lassen. Den Ring entfernen. Den Kranz auf eine Platte legen und natürlich (Seite 19) oder mit Fertigfarben gefärbte Eier in die Mitte geben.

OSTERPLÄTZCHEN

> **gelingt leicht**

Zutaten für etwa 30 Plätzchen:

- *2 Eier*
- *250 g zimmerwarme Butter*
- *150 g feiner Zucker*
- *1 EL Zitronensaft*
- *400 g Mehl*
- *¹/₄ TL Backpulver*

Außerdem:
Ausstechformen (z. B. Häschen, Hühner, Blumen)
Mehl für die Arbeitsfläche

ZUBEREITUNGSZEIT: 30 MIN.
KÜHLZEIT: 30 MIN.
BACKZEIT: 10–15 MIN.
PRO STÜCK ETWA: 540 kJ/130 kcal

Die Eier trennen. Die Butter mit dem Zucker und den Eigelben schaumig rühren. Den Zitronensaft unterrühren.

Das Mehl mit dem Backpulver auf die Arbeitsfläche geben und mit den schaumig gerührten Zutaten rasch zu einem glatten Teig verkneten. Den Teig in Klarsichtfolie wickeln und für 30 Min. in den Kühlschrank stellen.

Den Backofen auf 175° vorheizen. Ein Backblech mit Backpapier auslegen. Den Teig auf bemehlter Arbeitsfläche etwa 1 cm dünn ausrollen. Mit den Ausstechformen Plätzchen ausstechen und auf das Blech legen.

Die Eiweiße leicht verquirlen und die Plätzchen damit bestreichen. Die Plätzchen im Ofen (Mitte, Umluft 160°) in 10–15 Min. goldbraun backen, herausnehmen und auf dem Blech auskühlen lassen.

Die Osterplätzchen in Blechdosen füllen und bis zum Verzehr kühl aufbewahren.

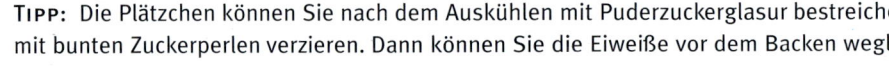

TIPP: Die Plätzchen können Sie nach dem Auskühlen mit Puderzuckerglasur bestreichen und mit bunten Zuckerperlen verzieren. Dann können Sie die Eiweiße vor dem Backen weglassen.

GEFÜLLTE EIER

➤ **preiswert**

Zutaten für 6 Stück:

- *6 frische Eier*
- *150 g Crème fraîche • Salz*
- ***Für die Füllungen:***
- *1 Bund Basilikum*
- *1 TL Zitronensaft*
- *1 EL Öl*
- *1 mittelgroße Tomate*
- *1 TL Tomatenmark*
- *1 EL Tomatenketchup*
- *1 TL Senf*
- *½ TL Currypulver*
- *½ Bund Schnittlauch*
- *1 Kästchen Kresse (ersatzweise 1 Bund Petersilie)*

ZUBEREITUNGSZEIT: 40 MIN.
PRO STÜCK ETWA: 400 KJ/100 KCAL

1 Die Eier in kochendem Wasser in 10 Min. hart kochen. Die Eier kalt abschrecken, abkühlen lassen, schälen und längs halbieren. Eigelbe vorsichtig herauslösen und mit Crème fraîche glatt rühren, mit Salz würzen. Die Creme in 3 Portionen teilen.

2 Basilikum waschen, trockenschleudern, die Blättchen abzupfen, fein hacken und mit Zitronensaft, Öl und einem Drittel der Eigelbcreme gründlich vermischen. Die Creme in 4 Eiweißhälften füllen.

3 Die Tomate waschen, halbieren, entkernen und sehr fein würfeln. Ein Drittel Eigelbcreme mit Tomatenmark und Ketchup vermischen, in 4 Eiweißhälften füllen. Tomatenwürfel darüber streuen.

4 Restliche Eigelbcreme mit Senf und Currypulver verrühren. Schnittlauch waschen, trockenschütteln und in feine Ringe schneiden. Die Senfcreme in einen Spritzbeutel mit gezackter Tülle füllen und in die Eihälften spritzen.

5 Die Kresse waschen, mit einer Schere abschneiden und auf eine Platte streuen. Die Eier daraufsetzen.

KRÄUTER-SOLEIER UND EIERSALAT

 preiswert

Kräuter-Soleier

Zutaten für 1 Glas von etwa 1,5 l Inhalt:

12 hart gekochte Eier

2 Zweige Rosmarin

3 frische Lorbeerblätter

1 Zweig Thymian • 3 EL Meersalz

125 ml Kräuteressig

1 EL schwarze Pfefferkörner

1 EL Senfsamen • 2 rote Chilischoten

ZUBEREITUNGSZEIT: 30 MIN.
PRO STÜCK ETWA: 350 KJ/85 KCAL

Eiersalat

Zutaten für 6 Portionen:

2 Gewürzgurken

1 Hand voll Kerbel • 1 Bund Dill

250 g griechischer Joghurt (10 % Fett)

200 g Schmand

1 EL mittelscharfer Senf

1 EL Weißweinessig

Salz • weißer Pfeffer

8 hart gekochte Eier

50 g Brunnenkresse

einige Dillzweige zum Garnieren

ZUBEREITUNGSZEIT: 20 MIN.
PRO PORTION ETWA: 1050 KJ/250 KCAL

Für die Soleier ein großes Glas heiß ausspülen. Die Eier schälen. Rosmarinzweige, Lorbeerblätter und Thymianzweig waschen, trocken tupfen und mit den Eiern in das Glas schichten.

Meersalz, Essig, Pfefferkörner, Senfsamen und Chilischoten in einen Topf geben. 1 Liter Wasser dazugießen und zum Kochen bringen. Den Sud 5 Min. bei mittlerer Hitze kochen lassen. Leicht abkühlen lassen und mit den Gewürzen ins Glas gießen. Die Eier sollten mit Flüssigkeit bedeckt sein.

Nach dem Abkühlen das Glas gut verschließen und 2 Tage an einem kühlen Ort ziehen lassen. Die Soleier mit Essig, Öl, Senf und Gewürzen zu Schwarzbrot servieren.

Für den Eiersalat die Gewürzgurken in winzig kleine Würfel schneiden. Kerbel und Dill waschen, trocken schleudern und fein hacken, dabei die groben Stiele entfernen.

Joghurt mit Schmand, Senf und Essig verrühren, mit Salz und Pfeffer würzen. Gurken, Kerbel und Dill unterheben.

Die Eier schälen und in feine Scheiben schneiden oder achteln. Die Kresse waschen und mit den Eierscheiben auf einer Platte anrichten. Die Salatcreme darüber verteilen. Mit Dillzweigen garnieren.

BRUNNENKRESSE-RUCOLASALAT

> **raffiniert**

Zutaten für 4 Personen:

- *150 g Rucola*
- *150 g Brunnenkresse*
- *150 g Mozzarella*
- *8 Cocktailtomaten*
- *1 kleine reife Avocado*
- *1 EL Zitronensaft*
- *1 EL Pinienkerne*
- *1 Bund gemischte Kräuter (Petersilie, Basilikum, Minze)*
- *2 Schalotten*
- *1 TL mittelscharfer Senf*
- *1 EL Kräuteressig*
- *4 EL Sonnenblumenöl*
- *Salz • Pfeffer*
- *1 EL Aceto balsamico*

ZUBEREITUNGSZEIT: 25 MIN.
PRO PORTION ETWA: 1500 KJ/ 360 KCAL

Rucola und Brunnenkresse putzen und von den groben Stielen befreien, gründlich waschen und abtropfen lassen.

Den Mozzarella in 2 cm große Würfel schneiden. Die Tomaten waschen und halbieren. Die Avocado längs halbieren, den Stein herausdrehen. Das Fruchtfleisch mit einem Löffel aus der Schale heben und in dünne Spalten schneiden. Mit Zitronensaft beträufeln. Die Pinienkerne in einer Pfanne ohne Fett leicht anrösten.

Die Kräuter waschen und fein hacken. Die Schalotten schälen und in winzig kleine Würfel schneiden. Den Senf mit Essig und Öl glatt rühren. Kräuter unterrühren und die Vinaigrette mit Salz und Pfeffer würzen. 1 EL davon mit den Mozzarellawürfeln vermischen. Aceto balsamico und Schalottenwürfel in die restliche Vinaigrette rühren.

Rucola und Brunnenkresse mischen und mit Tomaten und Avocadospalten auf Tellern verteilen. Die Vinaigrette darüber träufeln. Mozzarellawürfel und die Pinienkerne auf dem Salat verteilen. Sofort servieren.

DEKO-TIPP: Den Mozzarella in Scheiben schneiden, mit einer Ausstechform Häschen ausstechen und auf dem Salat verteilen.

CROSTINI

> **gelingt leicht**

Für 18 Stück:

- *18 dünne Scheiben Weißbrot*
- *3 EL Olivenöl*
- *½ Bund Schnittlauch*
- *3 frische Eier*
- *80 g Crème fraîche*
- *Salz • weißer Pfeffer*
- *50 g Butter*
- ***Für die Beläge:***
- *1 mittelgroße feste Tomate*
- *2 Stiele Basilikum*
- *1 TL Essig • 1 EL Olivenöl*
- *1 Frühlingszwiebel*
- *1 Scheibe gekochter Schinken*
- *1 EL Kapern*
- *2 Dillzweige*
- *50 g Krabben*
- *1 TL Zitronensaft*

ZUBEREITUNGSZEIT: 20 MIN.
PRO STÜCK ETWA: 630 KJ/150 KCAL

Backofen auf 225° vorheizen. Die Brotscheiben auf ein Backblech legen und mit Olivenöl einpinseln. Im Ofen (Mitte, Umluft 200°) in 5 Min. goldbraun rösten.

Schnittlauch waschen, trocken schütteln und in Röllchen schneiden. Eier aufschlagen und in einer Schüssel mit Crème fraîche verrühren, salzen und pfeffern, Schnittlauch unterrühren. Die Butter in einer Pfanne zerlassen, die Eimasse darin unter Rühren stocken lassen, dann auf den Brotscheiben verteilen. Zugedeckt im Ofen bei 100° warm halten.

Tomate waschen und klein würfeln. Basilikum waschen, Blättchen abzupfen und fein hacken. Tomate mit Basilikum, Essig und Öl vermischen. Frühlingszwiebel putzen, waschen und in Ringe schneiden. Schinken klein schneiden, mit Frühlingszwiebel und Kapern mischen. Dill waschen, Zweige kleiner zupfen, mit Krabben und Zitronensaft vermischen.

Die Crostini aus dem Ofen nehmen und die vorbereiteten Beläge darauf geben.

PUTENBRUST MIT PESTO

➤ **lässt sich gut vorbereiten**

Zutaten für 6 Personen:

- 600 g Putenbrustfilet
- 4 EL Olivenöl • Salz
- weißer Pfeffer, frisch gemahlen
- 2 Zweige Rosmarin
- 250 ml trockener Weißwein

Für das Pesto:

- 1 Hand voll Bärlauchblätter (ca. 50 g)
- 1 Bund Petersilie
- 2 Knoblauchzehen
- 50 g Haselnusskerne
- 50 g Parmesan
- 50 ml Haselnussöl
- 50 ml Olivenöl • Salz

ZUBEREITUNGSZEIT: 30 MIN.
BRATZEIT: 40 MIN.
PRO PORTION ETWA: 1500 KJ/370 KCAL

Das Putenbrustfilet mit 1 EL Olivenöl bestreichen und mit Salz und Pfeffer würzen. Den Backofen auf 200° vorheizen.

Das restliche Öl in einen Schmortopf geben und leicht erhitzen. Das Fleisch darin rundum zartbraun anbraten. Die Rosmarinzweige in den Topf geben, den Wein angießen und das Fleisch im Ofen (Mitte, Umluft 180°) 10 Min. braten. Danach den Backofen auf 160° (Umluft 140°) zurückdrehen. Das Fleisch noch 30 Min. garen, ab und zu mit der Flüssigkeit begießen.

Das Filet herausnehmen, die Flüssigkeit durch ein Sieb darüber gießen. Zugedeckt im Kühlschrank abkühlen lassen.

Für das Pesto Kräuter waschen, Stiele entfernen und fein hacken. Knoblauch schälen und fein würfeln. Haselnüsse fein hacken, Parmesan fein reiben. Kräuter und Knoblauch im Mörser oder Mixer fein zerkleinern. Nüsse, Öl und Parmesan nach und nach dazugeben. Mit Salz abschmecken.

Das Fleisch aus der Marinade nehmen, mit einem scharfen Messer in hauchdünne Scheiben schneiden und auf eine Platte legen. Etwas Marinade über das Fleisch geben. Pesto über dem Fleisch verteilen. Zugedeckt bis zum Verzehr kühl stellen.

DEKO-IDEEN FÜR DEN OSTERTISCH

Kresse-Eier: Halbierte Eierschalen ausspülen, mit Watte füllen und befeuchten. Kressesamen darauf streuen und täglich gießen.

Blumenväschen: In halbierte Eierschalen etwas Sand und Wasser geben. Frühlingsblümchen und etwas Grün hineinstecken.

Osterwiese: Eine Kiste oder Schale mit Erde füllen, Sprießweizenkörner säen und immer feucht halten. Nach 10 Tagen ist die Wiese fertig. Bunte Eier hineinlegen.

Eierkerzen: Teelichte in halbierte, ausgespülte Eierschalen stellen. Gelbes Wachs (Bastelgeschäft) in einem Topf flüssig werden lassen, vorsichtig eingießen.

EIER NATÜRLICH FÄRBEN

Rot: 2 Liter Rote-Bete-Saft erhitzen. Die Eier darin in 10 Min. hart kochen, herausnehmen und kalt abschrecken.
Braun: Eier in schwarzem Teesud oder 30 Min. gekochtem, abgekühltem und wieder erwärmtem Zwiebelschalensud 10 Min. kochen.
Gelb: Wasser mit Kurkuma 2 Min. kochen, Eier darin 10 Min. kochen.

EIER MIT KRÄUTERDEKOR

Kräuterzweig, Gräser oder Blümchen in Wasser tauchen, um die Eier legen. Mit einem Stück Seidenstrumpf umwickeln und mit Garn festbinden. Eier in Tee- oder Zwiebelsud 10 Min. kochen.

Damit die Eier schön glänzen, etwas Öl auf ein Stück Küchenpapier geben und die gefärbten Eier damit einreiben.

ITALIENISCHE OSTERTORTE

➤ **Spezialität aus Ligurien**

Zutaten für 1 Springform (26 cm ø; reicht für 6 Personen):

- *6 Platten Blätterteig, tiefgekühlt (450 g)*
- ***Für die Füllung:***
- *1 kg Blattspinat • Salz*
- *Muskatnuss, frisch gerieben*
- *2 EL Olivenöl*
- *8 Eier*
- *500 g Ricotta (italienischer Frischkäse)*
- *60 g frisch geriebener Parmesan*
- ***Außerdem:***
- *Mehl für die Arbeitsfläche*
- *4 EL Olivenöl*

ZUBEREITUNGSZEIT: 1 STD.
BACKZEIT: 1 STD.
PRO PORTION ETWA: 2400 KJ/580 KCAL

Blätterteig auftauen. Spinat putzen, waschen und in kochendem Wasser kurz blanchieren. Den abgekühlten Spinat auspressen, fein hacken und in einer Schüssel mit Salz, Muskat und Öl vermischen.

2 Eier mit Ricotta und 40 g Parmesan verrühren. Den Spinat unterheben und abschmecken. 6 Eier in 7 Min. nicht ganz hart kochen und schälen.

Den Backofen auf 175° vorheizen. Die Form dünn mit Öl ausstreichen. Die Arbeitsfläche mit Mehl bestäuben. Jeweils 2 Teigplatten etwas größer als die Form dünn ausrollen. 1 Platte in die Form geben (sie sollte über den Rand hinausstehen), mit Öl bestreichen und die zweite Platte darauf legen.

Die Füllung in die Form geben. Die Eier mit der Spitze nach unten hineinsetzen und mit übrigem Parmesan bestreuen. Die restliche Teigplatte mit Öl bestreichen und über die Füllung legen. Die überlappenden Teigränder nach innen rollen und andrücken.

Mit einem Zahnstocher kleine Löcher in die Teigoberfläche stechen. Im Ofen (Mitte, Umluft 160°) 1 Std. backen. Die Torte herausnehmen und etwas abkühlen lassen.

OSTERBRATEN

➤ **braucht etwas Zeit**

Zutaten für 6 Personen:

- *1 Lammkeule mit Knochen (1,5–2 kg); am besten beim Metzger bestellen*
- *2 Knoblauchzehen*
- *je 2 Zweige Rosmarin und Thymian*
- *1 EL Senf • 4 EL Olivenöl*
- *Salz • schwarzer Pfeffer*
- *1 Bund Suppengrün*
- *250 ml trockener Weißwein*
- *200 ml Lammfond oder Brühe*
- *3 Kohlrabi • 3 Zucchini*
- *ca. 600 g kleine gekochte Kartoffeln*
- *3 EL Butter • 100 ml Gemüsebrühe*
- *1 Zweig frische Minze*

ZUBEREITUNGSZEIT: 30 MIN.
MARINIERZEIT: ÜBER NACHT
BRATZEIT: 2 ½ STD.
PRO PORTION ETWA: 3600 KJ/860 KCAL

Die Keule trockentupfen. Knoblauchzehen schälen und durch die Presse drücken. Kräuter waschen und fein schneiden. Senf mit Knoblauch, Kräutern und Öl verrühren. Die Keule damit bestreichen und zugedeckt über Nacht in den Kühlschrank stellen.

Den Backofen auf 250° vorheizen. Keule salzen und pfeffern, in einen Bräter legen. Im Ofen (Mitte, Umluft 230°) 25 Min. braten. Auf 150° (Umluft 130°) herunterschalten.

Suppengrün waschen, grob zerteilen und zum Fleisch geben. Wein und Fond angießen und weitere 2 Std. braten. Ab und zu mit dem Bratenfond begießen.

Kohlrabi schälen, und quer in dünne Scheiben hobeln. Zucchini waschen und längs in dünne Scheiben hobeln. Kartoffeln schälen. Kohlrabi in 2 EL Butter andünsten, salzen, pfeffern, Brühe dazugeben und Kohlrabi 8 Min. bei schwacher Hitze dünsten. Zucchini 2 Min. mitdünsten. Minze klein schneiden und über das Gemüse streuen. Kartoffeln in restlicher Butter leicht anbraten und salzen.

Die Keule aus dem Ofen nehmen. Bratenfond durch ein Sieb in den Topf geben, etwas einkochen lassen. Die Keule am Knochen aufschneiden und quer in Scheiben schneiden. Mit Gemüse und Kartoffeln anrichten. Die Sauce dazu reichen.

LAMMFILETS

➤ **raffiniert**

Zutaten für 4 Personen:

- 8 Lammfilets (ca. 500 g)
- Salz • schwarzer Pfeffer
- 1 getrocknete Chilischote
- 3 EL Öl
- 200 g Zuckerschoten
- 1 Zweig Minze
- 250 g Sahne
- 1 EL Worcestersauce
- 2 EL Sherry (medium dry)
- 2 EL Butter
- 1 EL heller Aceto balsamico
- 1 Prise Zucker

ZUBEREITUNGSZEIT: 20 MIN.
PRO PORTION ETWA: 1900 KJ/470 KCAL

Die Lammfilets mit Salz und Pfeffer einreiben. Die Chilischote zwischen den Händen
fein zerreiben und mit 1 EL Öl mischen. Die
Filets damit einpinseln.

Die Zuckerschoten putzen, entfädeln, waschen und in kochendem Wasser 5 Min.
garen. Herausnehmen und kalt abschrecken.
Den Minzezweig waschen, die Blättchen von
den Stielen zupfen und trockentupfen.

Für die Sauce Sahne, Worcestersauce und
Sherry in einem Topf unter Rühren zum
Kochen bringen und 3 Min. leicht einkochen
lassen.

1 EL Butter mit dem restlichen Öl in einer
Pfanne erhitzen. Die Filets darin 2–3 Min.
rundum braun braten, herausnehmen und
zugedeckt warm stellen. Den Bratenfond mit
Essig und 3 EL Wasser ablöschen, kurz
aufkochen lassen und durch ein Sieb zur
Sauce geben. Kurz aufkochen lassen und mit
Salz und Pfeffer abschmecken.

Restliche Butter schmelzen, je 1 Prise Salz
und Zucker einstreuen. Zuckerschoten darin
unter Rühren heiß werden lassen.

Die Lammfilets mit Sherrysauce und Zuckerschoten auf Tellern anrichten. Minze über
das Gemüse streuen.

RUSSISCHER OSTERQUARK

> **lässt sich gut vorbereiten**

Zutaten für 6 Personen:

- *1 kg Magerquark*
- *250 g Sahne*
- *100 g Zucker*
- *½ Vanilleschote*
- *100 g Butter*
- *2 Eier*
- *100 g Rumrosinen (Fertigprodukt)*
- *100 g klein gehackte kandierte Früchte*
- *50 g gehackte Mandeln*
- ***Außerdem:***
- *kandierte Früchte zum Verzieren*

ZUBEREITUNGSZEIT: 30 MIN.
KÜHLZEIT: ÜBER NACHT
PRO PORTION ETWA: 2700 KJ/640 KCAL

1. Den Quark in einem Küchentuch fest auspressen. Die Sahne mit 80 g Zucker in einen Topf mit schwerem Boden geben. Die Vanilleschote längs aufschlitzen, Mark herauskratzen und samt Schote zur Sahne geben. Alles bei mittlerer Hitze zum Kochen bringen. Die Butter dazugeben und 3 Min. köcheln lassen, bis die Masse dicklich wird. Vom Herd nehmen und leicht abkühlen lassen. Vanilleschote entfernen.

2. Eier und restlichen Zucker mit den Schneebesen des Handrührgeräts verrühren. Die noch warme Karamellsahne nach und nach dazugeben und bei höchster Stufe 2 Min. rühren. Den Quark dazugeben und alles gut vermischen.

3. Rumrosinen, kandierte Früchte und gehackte Mandeln unter die Quarkmasse heben. Ein Küchensieb mit einem Mull- oder Küchentuch auslegen. Die Quarkmasse einfüllen, das Tuch über dem Quark zusammenschlagen. Das Sieb in eine passende Schüssel hängen und den Quark an einem kühlen Ort über Nacht abtropfen lassen.

4. Die Quarkspeise auf eine Platte stürzen. Das Tuch entfernen und den Osterquark mit kandierten Früchten garnieren.

!

TIPP: Passcha schmeckt mit frischem Hefegebäck und Tee besonders gut.

WEISSE SCHOKOCREME

➤ **gelingt leicht**

Zutaten für 6 Personen:

Für die Creme:

150 g weiße Schokolade

150 g Crème fraîche

1 EL Puderzucker

200 g Sahne

Für die Sauce:

400 ml heller Traubensaft

1 Pck. Vanille-Saucenpulver

1 EL Zucker

3 EL Waldmeistersirup

ZUBEREITUNGSZEIT: 30 MIN.
KÜHLZEIT: 50 MIN.
PRO PORTION ETWA: 1800 KJ/430 KCAL

1 Für die Creme die weiße Schokolade in Stücke brechen. Die Crème fraîche mit dem Puderzucker in einem Topf erhitzen, die Schokolade dazugeben und unter Rühren schmelzen lassen. Zum Abkühlen 50 Min. in den Kühlschrank stellen.

2 Inzwischen für die Waldmeistersauce 3 EL Traubensaft mit dem Saucenpulver verrühren. Den restlichen Traubensaft mit Zucker und 2 EL Waldmeistersirup in einem Topf zum Kochen bringen. Das angerührte Saucenpulver einrühren und weiterrühren, bis die Sauce leicht dicklich wird. Den übrigen Waldmeistersirup einrühren. Die Sauce abkühlen lassen.

3 Die Schokoladenmasse aus dem Kühlschrank nehmen. Die Sahne steif schlagen und die Schokoladenmasse nach und nach unterrühren. Die Schokoladencreme bis zum Servieren in den Kühlschrank stellen.

4 Von der Creme mit einem Löffel Nocken abstechen und mit der Waldmeistersauce anrichten.

TIPP: Gehobelte Schokospäne oder Raspelschokolade schmecken besonders gut dazu.

ERDBEER-BISKUIT-EI

➤ **für Gäste**

Zutaten für 1 Springform (28 cm; ergibt 12 Stücke):

Für den Biskuit:

6 frische Eier

250 g Zucker • 100 g Mehl

½ TL Backpulver

100 g fein gemahlene Mandeln

Für die Füllung:

750 g Erdbeeren

2 EL Erdbeersirup (Fertigprodukt)

100 g Puderzucker

250 g Quark • 250 g Mascarpone

2 EL Aprikosenkonfitüre

400 g Sahne • 2 Pck. Sahnesteif

2 EL gehackte Pistazienkerne

ZUBEREITUNGSZEIT: 30 MIN.
BACKZEIT: 30 MIN.
PRO STÜCK ETWA: 2100 KJ/500 KCAL

Den Ofen auf 175° vorheizen. Form mit Backpapier auslegen. Die Eier trennen. Eiweiße steif schlagen, Zucker nach und nach unterrühren. Eigelbe dazugeben 2 Min. rühren. Mehl mit Backpulver und Mandeln mischen und unterheben.

Den Teig in die Form füllen und im Ofen (Mitte, Umluft 160°) 30 Min. backen. Garprobe machen (bleibt an einem in den Kuchen gesteckten Holzzahnstocher Teig haften, muss er noch ein paar Min. backen). Den Kuchen auskühlen lassen und aus der Form lösen.

Die Erdbeeren putzen, waschen und trockentupfen. Ein Drittel davon klein schneiden und mit dem Sirup im Mixer pürieren. Die übrigen Erdbeeren längs halbieren. Quark mit Mascarpone und Puderzucker cremig rühren. Das Erdbeerpüree unterrühren und die Füllung kühl stellen.

Den Biskuit in Eiform zurechtschneiden und quer durchschneiden. Die Konfitüre erwärmen und den unteren Boden damit bestreichen. Sahne mit Sahnesteif steif schlagen. Erdbeercreme nach und nach unterühren.

Ein Drittel der Creme auf den Boden streichen und die zweite Teigplatte darauflegen. Ein weiteres Drittel Creme in einen Spritzbeutel mit gezackter Tülle füllen. Die Oberfläche und den Rand mit der übrigen Creme bestreichen. Die Creme aus dem Spritzbeutel in Streifen auf die Torte spritzen. Die Zwischenräume mit Erdbeeren belegen, Pistatzien auf den Rand streuen. Kühl stellen.

SÜSSE OSTERNESTER

➤ **gelingt leicht**

Zutaten für 6 Stück:

Für den Brandteig:

120 g Butter • Salz

1 TL Zucker • 150 g Mehl

4 Eier (M)

Für die Creme:

500 g Rhabarber

500 g Erdbeeren

2 EL Johannisbeergelee

50 g Zucker

3 Blatt rote Gelatine

250 g Sahne • 1 Pck. Vanillezucker

Für die Garnitur:

150 g Puderzucker

2 EL lauwarme Milch

kleine bunte Zuckereier

ZUBEREITUNGSZEIT: 50 MIN.
BACKZEIT: 30 MIN.
PRO STÜCK ETWA: 2500 KJ/610 KCAL

Den Backofen auf 220° vorheizen. 250 ml Wasser mit Butter, 1 Prise Salz und Zucker in einem Topf zum Kochen bringen. Vom Herd ziehen, das Mehl auf einmal hineinschütten, gut unterrühren. Wieder auf den Herd stellen und rühren, bis sich der Kloß vom Topfboden löst. Vom Herd nehmen und die Eier nach und nach unter den Teig rühren. Es muss sich immer wieder ein Kloß bilden.

Ein Backblech mit Backpapier auslegen. Den Teig in einen Spritzbeutel mit gezackter Tülle füllen. 6 Kreise auf das Blech spritzen. Die Nester im Backofen (Mitte, Umluft 200°) in 20 Min. goldbraun backen. Ofen ausschalten, Brandteignester im leicht geöffneten Backofen noch 10 Min. trocknen lassen. Herausnehmen und quer halbieren.

Für die Creme den Rhabarber waschen, putzen, entfädeln und in 2 cm große Stücke schneiden. Erdbeeren putzen, waschen und achteln. Johannisbeergelee mit Zucker und 100 ml Wasser in einem Topf aufkochen. Rhabarberstücke darin 5 Min. kochen. Gelatine in kaltem Wasser einweichen und in dem warmen Kompott auflösen. Die Erdbeeren unterrühren. Kompott zum Gelieren kühl stellen.

Die Sahne mit Vanillezucker steif schlagen. Das Rhabarberkompott nach und nach unterrühren. Die Creme in die Brandteignester füllen.

Puderzucker mit Milch zu einer dünnen, leicht durchsichtigen Glasur verrühren. Die Nester damit bestreichen und mit den Zuckereiern verzieren. Kühl stellen.

SCHNELL, LECKER, EINFACH!

Hits aus der trendy Küche

ISBN
3-7742-1688-6

36 Seiten

ISBN
3-7742-2509-5

36 Seiten

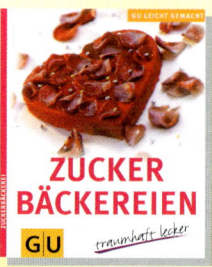

ISBN
3-7742-2409-9

36 Seiten

Gutgemacht. Gutgelaunt.

Impressum

© 2001 Gräfe und Unzer Verlag GmbH, München. Alle Rechte vorbehalten. Nachdruck, auch auszugsweise, sowie Verbreitung durch Film, Funk und Fernsehen, durch fotomechanische Wiedergabe, Tonträger und Datenverarbeitungssysteme jeder Art nur mit schriftlicher Genehmigung des Verlages.

➤ *Die Temperaturangaben*
bei Gasherden variieren von Hersteller zu Hersteller. Welche Stufe Ihres Herdes der jeweils angegebenen Temperatur entspricht, entnehmen Sie bitte der Gebrauchsanweisung. Bei Elektroherden können die Backzeiten je nach Herd variieren.

➤ *Vielen Dank!*
Ein herzliches Dankeschön an die Firma Designers Guild, Deutschland, aus deren Programm sich unsere Fotografin bedienen durfte.

Redaktion: Sigrid Burghard
Lektorat: Linde Wiesner
Umschlag- und Innenlayout: independent Medien-Design
Fotos: FoodPhotography Eising/ Martina Görlach/Andrea Holzer
Herstellung: Petra Roth
Satz: Mai KG Systemhaus
Reproduktion: Penta Repro München
Druck und Bindung: Alcione
ISBN: 3-7742-2520-6

Auflage: 5. 4. 3. 2. 1.
Jahr: 2005 2004 2003 2002 2001